BEI GRIN MACHT SICH IHR WISSEN BEZAHLT

AF139769

- Wir veröffentlichen Ihre Hausarbeit, Bachelor- und Masterarbeit

- Ihr eigenes eBook und Buch - weltweit in allen wichtigen Shops

- Verdienen Sie an jedem Verkauf

Jetzt bei www.GRIN.com hochladen und kostenlos publizieren

Bibliografische Information der Deutschen Nationalbibliothek:

Die Deutsche Bibliothek verzeichnet diese Publikation in der Deutschen National-bibliografie; detaillierte bibliografische Daten sind im Internet über http://dnb.d-nb.de/ abrufbar.

Dieses Werk sowie alle darin enthaltenen einzelnen Beiträge und Abbildungen sind urheberrechtlich geschützt. Jede Verwertung, die nicht ausdrücklich vom Urheberrechtsschutz zugelassen ist, bedarf der vorherigen Zustimmung des Verlages. Das gilt insbesondere für Vervielfältigungen, Bearbeitungen, Übersetzungen, Mikroverfilmungen, Auswertungen durch Datenbanken und für die Einspeicherung und Verarbeitung in elektronische Systeme. Alle Rechte, auch die des auszugsweisen Nachdrucks, der fotomechanischen Wiedergabe (einschließlich Mikrokopie) sowie der Auswertung durch Datenbanken oder ähnliche Einrichtungen, vorbehalten.

Impressum:

Copyright © 2011 GRIN Verlag
Druck und Bindung: Books on Demand GmbH, Norderstedt Germany
ISBN: 9783668802124

Dieses Buch bei GRIN:

https://www.grin.com/document/173266

Christoph Blepp

Erinnerungskultur im Film

Eine Filmanalyse von "Sophie Scholl - die letzten Tage"

GRIN Verlag

GRIN - Your knowledge has value

Der GRIN Verlag publiziert seit 1998 wissenschaftliche Arbeiten von Studenten, Hochschullehrern und anderen Akademikern als eBook und gedrucktes Buch. Die Verlagswebsite www.grin.com ist die ideale Plattform zur Veröffentlichung von Hausarbeiten, Abschlussarbeiten, wissenschaftlichen Aufsätzen, Dissertationen und Fachbüchern.

Besuchen Sie uns im Internet:

http://www.grin.com/

http://www.facebook.com/grincom

http://www.twitter.com/grin_com

Erinnerungskultur im Film

Eine Filmanalyse von *Sophie Scholl - die letzten Tage*

Seminararbeit im Rahmen des Seminars

Erinnerungskultur

Christoph Blepp

1. Allgemeines zu Film

Im Zusammenhang mit deutscher Erinnerungskultur ist die Miteinbeziehung von filmischem Material von wachsender Bedeutung. Zum einen kann ein breiteres Publikum erreicht werden, und zum anderen kann über die rein faktisch-historische Ebene hinaus ein Bild im Rezipienten geschaffen werden, das im kollektiven Gedächtnis bewahrt werden kann. Gerade durch das stilistische Mittel des Filmes kann eine ethische Relevanz für den Zuschauer vermittelt werden, die durch simple Verarbeitung und Bearbeitung von Quellen nicht möglich ist (zumindest nicht für den Nicht-Historiker). Trotzdem muss dem Betrachter klar sein, dass auch mit nahezu lückenloser Dokumentation der historischen Ereignisse immer fiktive Elemente im Film hinzugefügt werden, was so immer einen Fingerabdruck des Drehbuchautors und des Regisseurs hinterlässt, der den Zuschauer in einen bestimmten Erfahrungskorridor zwängt. Der Film ist nicht mehr länger simple Samstagabend Unterhaltung, sondern auch Kulturgut.

Der dieser Arbeit zugrunde liegende Film Sophie Scholl - die letzten Tage ist ein solches filmisches Dokument und soll im Folgenden auf seine stilistischen Elemente und seinen Inhalt analysiert werden. Dabei wird der Fokus der Arbeit auf die Analyse des Visuellen gelegt.

1.1. Daten und Fakten

Sophie Scholl - die letzten Tage wurde 2005 in den deutschen Kinos uraufgeführt. Die Produktion lag in deutscher Hand bei Goldkind, Broth, BR und SWR unter der Leitung von Christoph Müller. Die Regie wurde von Marc Rothemund durchgeführt, wobei das Drehbuch von Fred Breinersdorfer geschrieben wurde. Die Filmmusik wurde von Reinhold Heil komponiert und eingesteuert.[1]

---

[1] Vgl. dazu Bühler, Philipp, Sophie Scholl - die letzten TageSophie Scholl - die letzten Tage. Filmheft, Bundeszentrale für politische Bildung, 2005, S. 3.

Der Film wurde mit mehreren Auszeichnungen versehen, darunter der Preis für beste Regie und die beste Hauptdarstellerin beim Deutschen Filmpreis.

Die Authentizität ergibt sich aus der Tatsache, dass dem Film die originalen Vernehmungsprotokolle von Sophie Scholl, die schriftlichen Begründungen der Todesurteile, die Anklageschriften, Protokolle zum Verhandlungsverlauf und Augenzeugenberichte zu Grunde liegen. Ergänzt wird dies durch authentische Kleidung der Charaktere und die Drehorte.

1.2. Altersfreigabe

Gemäß §14 JuSchG FSK ist der Film ab 12 Jahren freigegeben. Dies bedeutet, dass Kinder ab 12 Jahren alleine diesen Film anschauen dürfen. Kinder ab einem Alter von 6 Jahren aufwärts kann der Einlass zu diesem Film gewährt werden, wenn sie in Begleitung einer personensorgeberechtigten Person sind. Kinder ab einem Alter von 12 Jahren haben die Fähigkeit zu einer distanzierten Wahrnehmung und können die Informationen und Bilder im Film rational verarbeiten, ebenso wie die höhere Erregungsintensität und die Bilderflut. Die FSK sieht vor allem bei einem Alter zwischen 12 und 15 Jahren ein erhöhtes Gefährdungspotenzial. Kinder in diesem Alter befinden sich in einer Phase der Selbstfindung und Unsicherheit und könnten sich leicht mit einem ‚Helden' identifizieren, der durch antisoziales, destruktives und gewalthaltiges Verhalten geprägt ist. Dieses Gefährdungspotential ist in diesem Film jedoch als relativ niedrig einzuschätzen, da es sich um weniger gewalttätige Szenen handelt.

Das gesellschaftliche Thema, welches in dem vorliegenden Film behandelt wird, wird von der FSK für die genannte Altersgruppe als zumutbar angesehen. Sophie Scholl - die letzten Tage setzt sich mit einem, auf realen Fakten basierenden, wichtigen Ereignis der deutschen Bildungs- und Vergangenheitsbewältigungsgeschichte auseinander und hat eine hohe Bedeutung für die Gesellschaft.[2]

---

[2] s. http://www.spio.de/index.asp?SeitID=18 (Zugriff: 30.11..2010).

1.3. Besetzung

Sophie Scholl, die Heldin des Filmes, wird von Julia Jentsch gespielt. Sophie Scholl ist zwar kein Gründungsmitglied der weißen Rose, jedoch die tragische Heldin des Filmes. Ihr Leidensweg und ihre Geschichte werden im vorliegenden Film thematisiert. Ihr Bruder Hans Scholl steht ihr im gesamten Verlauf des Filmes zur Seite. Hans wird zwar mit Sophie festgenommen und ebenfalls verhört, jedoch spielt er in <u>Sophie Scholl - die letzten Tage</u> lediglich eine Nebenrolle. Er wird durch Fabian Hinrichs dargestellt.

Christoph Probst, der ebenfalls ein Mitglied der weißen Rose ist und die Geschwister Scholl unterstützt, wird durch Florian Stetter dargestellt. Else Gebel, die gemeinsam mit Sophie Scholl eingesperrt ist, wird von Johanna Gastdorf dargestellt.

Robert Mohr, der das Verhör von Sophie Scholl durchführt, wird von Gerald Alexander Held gespielt. Er ist verantwortlich für die Untersuchung des Falles und ebenso verantwortlich für die Entlarvung und Überführung der weißen Rose. Roland Freisler, der Vorsitzende des Volksgerichtshofs, wird von Andre Hennicke gespielt. Der fanatische Freisler fällt das Urteil über Sophie Scholl und ihre Mitangeklagten.

6

2. Inhalt, Thema und Schlüsselsatz

Sophie Scholl - die letzten Tage erzählt, wie der Titel es schon sagt, von den letzten Tagen der Sophie Scholl bis zu ihrer Hinrichtung. Dabei ist der Fokus der Handlung auf dem Verhör, das von Robert Mohr durchgeführt wird. Im Zuge dieses Verhörs wird Sophie Scholl mit ihren Ängsten und ihrem Gewissen konfrontiert.

Das Gewissen ist gleichzeitig auch das Thema des Filmes. Trotz der Möglichkeit, eine Milderung der Strafe zu erhalten, sollte sie sich kooperativ erweisen, bleibt Sophie Scholl standhaft und wählt den gewissenhaften Weg für sich selbst.

Der Schlüsselsatz des Filmes wird von Sophie Scholl selbst ausgesprochen. Er befasst sich mit dem bereits erwähnten Thema des Films, nämlich dem Gewissen. „Das Gesetz ändert sich, das Gewissen nicht." (01:09:50 min. - 01:09:54 min.).

3. Dramatische Struktur

Sophie Scholl - die letzten Tage folgte dem klassischen Aufbau des populären Films, wie ihn Syd Field schon zu Beginn der 19080er Jahre in seinem Buch über das Design von Drehbüchern dargelegt hat - trotz der der historischen Anlehnung an die wahre Geschichte von Sophie Scholl.[3]

---

[3] Vgl. dazu Field, Syd (u.a.): Drehbuchschreiben für Fernsehen und Film. Ein Handbuch für Ausbildung und Praxis, München, 1987, S.12.

3.1. Anfang

Der Film beginnt mit dem Prolog, nämlich dem schriftlichen Hinweis für den Zuschauer, dass der Film auf historischen Fakten beruht. Im nächsten Teil, der Vorbereitung, ist der Handlungsstrang darauf ausgelegt, die Vorgeschichte und Informationen über die Weiße Rose zu vermitteln (00:00:43 min. - 00:09:45 min.), um dann auf die eigentliche Aktion, die Flugblattverteilung in der Universität, (00:09:45 min. - 00:13:25 min.) hinzuführen. Die Gefangennahme durch den Hausmeister und die Gestapo (00:13:25 min.) bildet den Plot Point 1, welcher den 1. Akt beendet und in den 2. Akt führt.

3.2. Mitte

Der 2. Akt ist gekennzeichnet von der Verhörphase durch Mohr und dem

Geständnis von Sophie Scholl (00:19:15 min. - 01:01:12 min.).

3.3. Ende

Im 3. Akt findet die Bewährungsprobe Sophie Scholls im Gespräch mit Robert Mohr, Gerichtsverhandlung mit Freisler und die Vollstreckung statt. Sophie lehnt die Strafmilderung ab und steht zu ihre m Gewissen, trotz des drohenden Todesurteils. Dies bildet den Plot Point 2 (01:10:00 min. - 01:13:55 min.).

Das Urteil und die Vollstreckung sind dem Kiss-off vorgezogen, der die Flugblätter der Weißen Rose über deutschen Städten zeigt.

4. Die Heldenreise

Theoretische Grundlage der Heldenreise in dieser Arbeit bilden die zwölf Stadien der Reise des Helden nach Vogler und Campbell.[4]

4.1. Stadium 1: Die gewohnte Welt

Gemäß Vogler lassen die meisten Geschichten „den Helden aus seiner gewohnten alltäglichen Umgebung in eine andersartige, neue und fremde Welt aufbrechen".[5] Die gewohnte Welt von Sophie Scholl stellt die Heldin mit ihrer Freundin vor einem Radio dar, wie die beiden Mädchen amerikanische Musik aus dem Radio hören. Dies bringt zum einen die Unbefangenheit und Leichtigkeit der Protagonistin zum Ausdruck, zum anderen aber auch die Affinität zum Widerstand, da sie - verbotenerweise

---

[4] Vgl. dazu Vogler, Christopher: Die Odyssee des Drehbuchschreibers. Über die mythologischen Grundmuster des amerikanischen Erfolgskinos, Frankfurt a.M. 2004 / 1993; Campbell, Joseph: The hero with a thousand faces, New York 1949 / Novato Ca. 2008.

[5] Vogler, Christopher: Die Odyssee des Drehbuchschreibers. Über die mythologischen Grundmuster des amerikanischen Erfolgskinos, Frankfurt a.M. 2004 / 1993, S. 57.

- englischsprachige Radiosender hört. Dies wird weiter zum Ausdruck gebracht, als Sophie gezeigt wird, wie sie mit ihren Komplizen die Flugblätter für die Weiße Rose entwirft. Ebenso wird die gewohnte Welt durch das gemeinsame Leben mit ihrem Bruder in der Münchner Wohnung verdeutlicht (00:07:30 min.).

4.2. Stadium 2: Der Ruf des Abenteuers

In diesem Stadium wird die Heldin mit einem Problem konfrontiert, was zu einer großen Herausforderung wird.
Sophie Scholl wird in der Universität gezeigt, wie sie, gemeinsam mit ihrem Bruder, die gedruckten Flugblätter verteilt und letztendlich vom Hausmeister festgenommen wird (00:13:35 min.).

4.3. Stadium 3: Weigerung

Nachdem die Geschwister Scholl erwischt sind, tritt Sophie Scholl in die Phase der Weigerung ein, welche mit dem prompten Satz „Wir waren das nicht" (00:13:42 min.) beginnt und bis zum Geständnis anhält. Neben der Thematisierung des Gewissens ist der permanente Zustand der Weigerung ein weiteres bestimmendes Merkmal des Filmes. Das Gewissen der Heldin wird auf die Probe gestellt.

4.4. Stadium 4: Begegnung mit dem Mentor

Zwar wird der Mentor in diesem Stadium des Filmes noch nicht explizit gezeigt, jedoch ist er seit Beginn des Filmes bekannt und mit einbezogen. Es ist der Vater von Sophie Scholl, durch dessen Erziehung Sophie geprägt wurde, nämlich den Werten und Normen des Christentums, auf die sich Sophie auch stets bezieht (01:01.28 min.).

4.5. Stadium 5: Überschreiten der ersten Schwelle

Die erste Schwelle stellt innerhalb der Reise des Helden den Übergang und Verknüpfungspunkt zwischen dem ersten und dem zweiten Akt dar. Somit ist sie ein wichtiger Wendepunkt innerhalb der erzählten Geschichte im Film. Das Überschreiten der ersten Schwelle in Sophie Scholl - die letzten Tage findet im Rahmen der Gefangennahme durch den Hausmeister und den Beginn des Verhörs durch die GeStaPo statt (00:18:40 min.). Sophie Scholl wird ihrer Freiheit beraubt und findet sich im Verhörzimmer ihres Widersachers, Robert Mohr, wieder.

4.6. Stadium 6: Bewährungsproben, Verbündete, Feinde

In diesem Stadium wird Sophie Scholl mit ihrem Gewissen, ihrer Tat und der drohenden Bestrafung konfrontiert. Da sie von ihrem Bruder getrennt wird, ist die einzige Verbündete für sie ihre Zellengenossin und augenscheinlich ihr Pflichtverteidiger, der sich aber letztendlich als Feind herausstellt. Der Hauptwidersacher und Feind ist jedoch Robert Mohr, der sie im Zuge des Verhörs durch seine ermittelten Beweise überführt und zu einem Geständnis zwingt.

4.7. Stadium 7: Vordringen zur tiefsten Höhle

In diesem Stadium rüstet sich der Held zum entscheidenden Kampf gegen den Feind. Die Kraft, die Sophie Scholl aus ihrem Glauben schöpft, kommt in ihrem Gebet zu Gott zum Ausdruck, was als „rüsten" zu verstehen ist (01:01:29 min).

4.8. Stadium 8: Entscheidende Prüfung

Nachdem sich die Heldin für den entscheidenden Kampf gerüstet hat, kommt es zur entscheidenden Prüfung. Hier stellt sich Sophie Scholl, nach der Ablehnung einer Strafmilderung und Bestehen auf ihr Gewissen, dem Volksgerichtshof und ihrem Urteil. Hier beweist sie noch einmal ihre

Standhaftigkeit und ihre Gewissenhaftigkeit (01:04:12 min. - 01:35:34 min.).

4.9. Stadium 9: Belohnung

Nachdem sich die Heldin in ihrer entscheidenden Prüfung bewährt hat, folgt die Belohnung für ihrer Mühen und ihr Leiden. In Sophie Scholl - die letzten Tage wird diese Belohnung durch den Mentor vermittelt. Der Vater und die Mutter Sophies versichern ihr, sie seinen Stolz auf sie und dass sie überzeugt sind, Sophie habe alles richtig gemacht. Die Genugtuung und der Frieden, den Sophie Scholl dadurch erhält, ist die Belohnung der Heldin (01:40:34 min.).

4.10. Stadium 10: Rückweg

Im Stadium des Rückweges muss sich der Held den Konsequenzen stellen, die sich aus seiner Begegnung mit dem Feind in der entscheidenden Prüfung ergeben haben. Dieses Stadium wird zum Ausdruck gebracht, als Sophie Scholl nach dem Urteil allein ein der Zelle steht und zu Weinen beginnt. Die Konsequenz, derer sich die Heldin nun bewusst ist - nämlich dem Tod - wird nun greifbar und übermannt sie (01:38:40 min.).

4.11. Stadium 11: Tod (und Auferstehung)

Nach Vogler/Campbell muss der Held sterben, damit er wieder geboren werden kann. Dieser Tod wird im vorliegenden Film sehr plastisch thematisiert, nämlich als Sophie Scholl ihr Todesurteil erfährt und von der Guillotine geköpft wird. Die Auferstehung ist als das Vermächtnis von Sophie Scholl zu verstehen, welches gleichzeitig im Stadium 12 zum Ausdruck gebracht wird.

4.12. Stadium 12: Rückkehr mit dem Elexier

Hier kehrt die Heldin in ihre gewohnte Welt aus dem Anfang z u r ü c k und bringt ein „symbolisches Elixier" mit, welches sie mit allen anderen teilt. Das Elixier ist als Schatz zu verstehen, welchen die Heldin (oder der Held) aufgrund der vorangegangenen Stadien erhalten, bzw. verdient hat. Dieser Schatz ist in Sophie Scholl - die letzten Tage das Vermächtnis der Weißen Rose. Die Flugblätter, die von den Geschwistern Scholl und allen anderen Mitgliedern der Gruppe entworfen und vervielfältigt wurden, werden von den Alliierten über deutschen Städten abgeworfen. So ist die Weiße Rose im Gedächtnis der Nachwelt erhalten geblieben (01:49:32 min.).

5. Visuelle Analyse

Wie bereits erläutert, wird der Film in drei Teile untergliedert, nämlich der Exposition, der Konfrontation, und die Auflösung (Anfang, Mitte, Ende).
In diesen drei Abschnitten verändern sich die visuellen Elemente des Filmes stark, wobei einzelne Elemente gleich bleiben.

Durch die Ordnung der Dinge, der visuellen Details und durch das Platzieren und Ernten, kann der vorliegenden Film auf seine visuelle Basis hin analysiert werden. Im Folgenden werden einzelne Beispiele genannt, anhand derer eine Analyse durchgeführt wird.
Zuerst wird auf die Bauformen eingegangen, die im Film verwendet werden. Durch die Analyse der Einstellungsgrößen und Perspektiven sowie Schnitte im Film lassen sich Rückschlüsse auf die intendierten

Wahrnehmungsimpulse beim Zuschauer ziehen. Aufgrund des Umfangs der Arbeit können auch hier nur einige Bespiele verwendet werden, anhand derer sich die jeweilige stilistische Methode analysieren lässt.

5.1. Einstellungen, Schnitte und Perspektiven

Zwei wichtige Elemente der Filmindustrie sind das Arbeiten mit Perspektiven und Einstellungen. Perspektiven können genauso wenig vermieden werden wie Einstellungsgrößen.[6] Die Wahl der Perspektive ist grundsätzlich durch die Handlung motiviert. Zwar ist die gewünschte Aussage für den Zuschauer nicht immer auf den ersten Blick erkennbar, aber durch eine bewusst gewählte Perspektivenänderung kann das

Dunkle Gasse

unterbewusste Wahrnehmen des Rezipienten beeinflusst werden.[7] Nach der Einführung beginnt der Film mit Sophie Scholl, die durch eine dunkle Gasse eilt, um zur Gruppe der Weißen Rose zu gelangen. Während des gesamten Verlaufs im Keller der Weißen Rose werden schnelle Umschnitte verwendet, ebenso wie eine wackelige Kameraführung. Dies bringt das Geheimnisvolle und den Stress, bzw. die Angst zum Ausdruck.

Dem Zuschauer wird zusätzlich zur narrativen Ebene vermittelt, dass es sich hier um eine Widerstandsgruppe handelt, die aus dem Dunkeln heraus operiert und von Gefangennahme und Tod bedroht ist.[8]

---

[6] Vgl. dazu Faulstich, Werner: Grundkurs Filmanalyse, München 2002, S. 118.

[7] Vgl. dazu Hickethier, Knut: Film- und Fernsehanalyse, Stuttgart 2007, S. 59.

[8] Vgl. dazu Hickethier, Knut: Film- und Fernsehanalyse, Stuttgart 2007, S. 68.

Eine weitere Verwendung dieses stilistischen Mittels findet sich in der Anfangsphase des Verhörs zwischen Robert Mohr und Sophie Scholl wieder. Durch die schnellen Umschnitte werden die aggressiven und lauten Vorwürfe und Fragen Mohrs verstärkt (00:25:23 min.).

Nach der Festnahme durch die Gestapo werden die Geschwister Scholl aus der Aufsichtsperspektive gezeigt, während die Männer der Gestapo stets aus der Froschperspektive heraus gefilmt werden. Dies bringt die Rollenverteilung am Anfang zum Ausdruck: Sophie Scholl ist eingeschüchtert und befindet sich in einer Position der Schwäche. Robert Mohr hingegen steht mächtig vor ihr, die Kameraführung zeigt ihn in überlegener Pose. Dies verändert sich doch im Laufe des Filmes. Im weiteren Verlauf des Verhörs gewinnt Sophie die argumentative Hoheit über das Gespräch. Dies wird verdeutlicht, indem sie am Ende des Verhörs selbst aus der Froschperspektive gezeigt wird. Der Perspektivenwandel wird dann zur Gerichtsverhandlung vollendet. Die Überlegenheit der Heldin wird durch die Froschperspektive verdeutlicht, die Unterlegenheit Freislers durch die Aufsicht (01:34:25 min.).

5.2. Ordnung der Dinge

In Sophie Scholl - die letzten Tage spielt die Ordnung der Dinge eine große Rolle. So lassen sich viele Beobachtungen bezüglich dieser Ordnung machen, jedoch soll auch hier eine exemplarische Auswahl die Symbolkraft verdeutlichen.
Ein wichtiges Symbol im Film ist der rote Pullover von Sophie Scholl. Die Farbe rot, die Moral und Tugend

symbolisiert, ist hier ein stilistisches Mittel, um die Gewissensstärke Sophies im Verhör und im Gerichtssaal zu verdeutlichen.

Während des gesamten Filmes ist der Blick zum Himmel als Zeichen für die Freiheit zu verstehen, für die Sophie Scholl sich einsetzt. Die dunklen Wolken, die zu Beginn der Exposition über die Sonne ziehen, verstehen sich als die bevorstehende Einschränkung der Freiheit Sophie Scholls durch die Gestapo (00:09:09 min.). Die Vollendung dieser Ordnung findet sich vor der Vollstreckung des Urteils wieder (01:47:42 min.), als Sophie zum Himmel in die strahlende Sonne blickt. Sie hat ihre Werte und ihre Ziele nicht verraten und ist trotz des bevorstehenden Todes frei.

Zu Beginn des Filmes trägt Sophie eine Haarspange. Erst, bevor sie die Tat eingesteht und die Verschleierung der Tat aufgibt, nimmt sie diese Haarspange aus dem Haar.

Die Spange symbolisiert hier die Tarnung, die sie nun ablegt während dieser Aktion blickt sie in den Spiegel. Dies ist ein Zeichen dafür, dass Sophie sich entscheidet, ihr Gesicht zu wahren (00:45:30 min.). Ein weiteres Symbol ist das Waschen der Hände von Robert Mohr. Im Zuge des Verhörs und des Grundsatzgesprächs um die Tat scheint Mohr von den Argumenten und der Tugend Sophie Scholls beeindruckt zu sein und versucht, sie davon zu überzeugen, sich durch eine Revidierung ihrer Aussage selbst zu retten. Als Sophie sich weigert, tritt Mohr zum Waschbecken, um seine Hände zu waschen (01:11:41 min.). Dieses Waschen der Hände in Unschuld symbolisiert die Problematik der vielen Mitläufer im Dritten Reich, die im Zuge der Entnazifizierung stets den Satz „Ich hatte keine andere Wahl" benutzt hatten.

Zu Beginn des Verhörs sind die Fenster des Verhörzimmers geöffnet, es scheint Tageslicht hindurch. Bevor die erdrückende Beweislast von Mohr präsentiert wird, zieht er die Rollos der Fenster herunter. Hierdurch wird die scheinbare Ausweglosigkeit und die Finsternis, die Sophie nun umgibt, symbolisiert.

Nach dem Geständnis und des Einstehens für die Tat sind die Rollos wieder geöffnet - der Versuch der Einschüchterung ist gescheitert (00:51:13 min.).

5.3. Platzieren und Ernten

Die Lichtkuppel der Ludwig-Maximilian-Universität in München, zu der Sophie vor der Flugblattaktion aufblickt, ist Symbol für das höhere Ziel der Weißen Rose, des Gewissens und der Freiheit (00:09:45 min.). Dieses Symbol findet sich wieder, als Sophie im Justizpalast zu ihrer Verhandlung geführt wird (01:22:00 min.). Trotz des Drucks und aller Drohungen ist Sophie Scholl ihren Idealen treu geblieben.

Ein weiteres Beispiel für die Technik des Platzieren und Erntens ist die Zigarette, die Mohr zu Beginn des Verhörs raucht. Er dominiert die Szene und befindet sich in einer Machtposition gegenüber Sophie (00:23:01 min.).

Nachdem Sophie alle Prüfungen und Belastungen überstanden hat und die Urteilsvollstreckung erwartet, steht sie mit ihrem Bruder und Christoph Probst in einem Raum und raucht eine Zigarette (01:45:53 min.). Letztendlich ist sie durch ihre Starke, ihr Gewissen und ihre Ideale in der dominanten Position, Sophie hat all ihre Prüfungen bestanden.

5.4. Religiöse Symbolik

Eine wichtige Rolle in <u>Sophie Scholl - die letzten Tage</u> kommt der religiösen Symbolik zu. Aufgrund der Fülle von visuellen Elementen, die entweder an christliche Symbole angelehnt sind oder diese beinhalten, wird hier wieder lediglich eine Auswahl von Beispielen vorgestellt.
Betrachtet man den Film in seiner Gesamtheit, lassen sich viele Parallelen zu der Leidensgeschichte Jesu Christi finden. Sophie Scholl wird angeklagt, verurteilt und bringt ihr Leben als Opfer für die Gemeinschaft ein. Dabei kann Mohr, der sie zuerst anklagt, ihr dann einen Ausweg

anbietet, um daraufhin seine   Hände in Unschuld zu waschen, m it Pontius Pilatus verglichen werden. Im Gerichtssaal wird sie von zwei Polizisten - im weiteren Sinne Verbrecher - flankiert, wobei der zu ihr linken stets zu ihr hinüberschaut (01:31:20 min.). Da in dieser Szene Sophie Scholl im übertragenden Sinne als gekreuzigt betrachtet werden kann (man beachte die

Kreuzsymbolik in den Fenstern des Gerichtsaals), lässt sich hier eine Verbindung zur Kreuzigungsszene Jesu Christi ziehen. Der eine Verbrecher wendet sich von Jesus ab, während der andere um Vergebung seiner Sünden bittet. Dabei stehen die beiden Polizisten im Gerichtsaal für die deutsche Bevölkerung. Der eine Teil wendet sich ab, während der andere Teil zu den Idealen der Weißen Rose steht.
Das Kreuz als christliches Symbol ist derweil in vielen Einstellungen zu finden. Die Fenster des Verhörzimmers, die Gitterfenster im Verließ oder Kruzifixe in weiteren Räumen symbolisieren die christlichen Tugenden

Sophies, nach denen sie erzogen wurde und lebt. Nicht zuletzt wir diese auch durch ihr Gebet (01:01:21 min.) zum Ausdruck gebracht.

Die bereits angesprochene Farbe rot ist im katholischen Christentum ein Symbol für das christliche Martyrium. Sophies roter Pullover symbolisiert somit ihr eigenes Martyrium auf der Basis ihres christlichen Glaubens. Die rote Robe Freislers kann, wenn man so möchte, als Pervertierung des nationalsozialistischen Glaubens an die Idee, „das Richtige zu tun" verstanden werden.

6. Auditive Analyse

Im Vergleich zu anderen Filmen und im besonderen anderen Genres, wie zum Beispiel des Science-Fiction, ist die auditive Untermalung des Filmes bewusst schlicht gehalten. Ein Kontrast hierzu ist der Anfang, als die Akteurinnen versuchen, die Swingmusik aus dem Radio mitzusingen.

6.1. Musik

Aaron Copland formulierte fünf Funktionen der Filmmusik: Schaffung einer überzeugenden Atmosphäre (1), Verdeutlichung von Gedanken und psychologischen Effekten (2), Dienst als neutraler Hintergrundfüller (3), Aufbau von Kontinuität (4) und Bildung eines Fundaments für den dramaturgischen Ablauf.[9] Natürlich ist diese Auflistung nicht erschöpfend, aber in ihrer Knappheit für die vorliegende Filmanalyse durchaus brauchbar. Die Musik in Sophie Scholl - die letzten Tage wurde von Reinhold Heil und Johnny Klimek komponiert. Hierfür wurden beide für den Preis für die beste Fimmusik beim Deutschen Filmpreis 2007 nominiert. Wie bereits erwähnt, wird im Film nur einmal Realmusik verwendet. Durch dieses - für diesen Film - einzigartiges Mittel wird eine glaubwürdige und persönliche Atmosphäre vermittelt, in der Sophie als lebensfrohe junge Frau dargestellt wird.

---

[9] Vgl. dazu Prendergast, Roy M. , Film Music. A Neglectetd Art. A Critical Study of Music in Films, New York/ London 1977, S. 213 ff.

Durch die sparsame, aber effektiv eingesetzte Verwendung von musikalischen Elementen wird dem Zuschauer die dramatische Situation bereits im Verlauf des Flugblattdrucks vermittelt. Durch den Streichersatz im Hintergrund wird ein Spannungsbogen erzeugt, der danach - beim Verteilen der Flugblätter - in einer Unterlegung durch Drum and Beats gipfelt. Dieser Effekt findet sich späte bei der Fahrt zum Gericht wieder. Ansonsten wird in <u>Sophie Scholl - die letzten Tage</u> sehr spärlich mit dem Mittel der Musik umgegangen. So soll eine Polarisierung[10] auf das Geschehen vorgenommen werden, in der der Zuschauer nicht durch Kontrapunkte oder Mickeymousing von der eigentlichen Essenz der Bilder des Films abgelenkt werden soll.

Besonders emotionale Elemente wie Sophies Gebete werden von Chormusik oder Klaviermelodien untermalt.

6.2. Ton

Auf der Tonebene zieht sich der spärliche auditive Effekteinsatz fort. Dies hat gleichzeitig eine dramatisierende Wirkung und lenkt die auditive Aufmerksamkeit des Zuschauers auf simple auditive Elemente des Films. Ein besonderes Beispiel hierfür ist die Flugblattverteilung. Die schnellen Schritte von den Geschwistern Scholl sind deutlich hervorgehoben und vermitteln ein Gefühl der Hektik und Eile. Ebenso sind die Geräusche der Flugblätter im Vordergrund, so dass die Wichtigkeit der Aktion und des Elements an für sich vermittelt wird.

Eine Besonderheit findet sich in der Hinrichtungsszene wieder. Wird der Vorgang der Hinrichtung von Sophie Scholl noch bis zum eigentlich Akt gezeigt, wird ab dem Fall des Beils das Bild ausgeblendet und der Zuschauer erfährt die Hinrichtung der Angeklagten allein auf auditiver Ebene. So wird die Dramaturgie des Akts deutlich verschärft, aufgrund des fehlenden Bildes liegt die Aufmerksamkeit komplett auf dem Geräusch der

---

[10] Vgl. dazu Pauli, Hansjörg, Filmmusik - Ein historisch-kritischer Abriss, in: Schmidt, H.-Chr.
(Hrsg.): Musik in den Massenmedien Rundfunk und Fernsehen. Perspektiven und Materialien, Mainz,1976, S. 91 ff.

Guillotine, dem Fallen des Kopfs in den Korb und die weiteren Hinrichtungen von Christoph Probst und Hans Scholl.

6.4. Sprache

Die Sprache im Film ist äusserst klar und mit wenig Emotionen behaftet. Allein Sophie Scholl, Robert Mohr und Roland Freisler fallen durch ihre Anwendung der Körpersprache auf. So wird die Aufmerksamkeit des Zuschauers auf den Verlauf der Geschichte gelenkt. Aufgrund einer Gefahr der Übertreibung historischer Fakten wurde bewusst auf eine Übertreibung der sprachlichen Elemente verzichtet.

7. Schlussfolgerungen zur Erinnerungskultur

Sophie Scholl - die letzten Tage ist ein Film, der durch sein Thema auch noch heute aktuell ist. Zum einen ist es im Zusammenhang mit Erinnerungskultur im deutschen Raum betrachtet von größter Wichtigkeit, das Andenken und das Vermächtnis der Weißen Rose zu bewahren. Zum anderen ist aber auch das Vorbild der Sophie Scholl, welches, unabhängig vom zeitlichen Rahmen, auch noch heute gültig ist.

Die ethische Relevanz für nachfolgende Generationen ist von enormer Tragkraft, da die Ideale und die Gewissenskraft von Sophie Scholl zum einen bewundernswert sind und zum anderen ihre Standhaftigkeit und ihren Mut als Vorbild für alle Menschen jedweden Alters gelten kann. Hierbei ist zwischen darstellender Erinnerungskultur (hier z.B. Die Ausstellung zur Weißen Rose in der Ludwig-Maximilian-Universität München) und filmischer Erinnerungskultur zu unterscheiden. Wie bereits thematisiert, ist der Film stets stilistischer Eingriffe unterworfen, die den Betrachter in eine Richtung führen wollen und auch müssen.

Die hier angewandte Filmanalyse hat die einzelnen stilistischen Mittel, die in Sophie Scholl - die letzten Tage verwendet werden, aufgezeigt und auf unterschiedliche Gesichtspunkte hin analysiert. Dabei wird deutlich, dass die Botschaft des Films durch viele Elemente zusätzlich verstärkt und dem Zuschauer die Thematik und das Vermächtnis der Weißen Rose vor

Augen geführt wird. Dennoch wird auf visuelle und auditive special effects bewusst verzichtet und die Handlung in den Vordergrund gestellt. Dadurch wirkt Sophie Scholl - die letzten Tage weitgehend wie ein Kameraspiel, so auch abstrakter aber trotzdem bewegend. Die Hauptfigur wird äußerst einfühlsam dargestellt und die Funktionalität des NS-Polizei- und Justizapparats sehr detailliert veranschaulicht. Deshalb kann Sophie Scholl - die letzten Tage als wichtiger Baustein deutscher Erinnerungskultur angesehen werden.

Literaturverzeichnis

Film

Sophie Scholl - die letzten Tage, D, 2005.

Literatur

Campbell, Joseph: The hero with a thousand faces, New York 1949 / Novato Ca. 2008.

Faulstich, Werner: Grundkurs Filmanalyse, München 2002.

Field, Syd (u.a.): Drehbuchschreiben für Fernsehen und Film. Ein Handbuch für Ausbildung und Praxis, List Verlag, München, 1987.

Hickethier, Knut: Film- und Fernsehanalyse, Stuttgart 2007.

Pauli, Hansjörg: Filmmusik - Ein historisch-kritischer Abriss, in: Schmidt, H.-Chr. (Hrsg.): Musik in den Massenmedien Rundfunk und Fernsehen. Perspektiven und Materialien, Mainz 1976.
Prendergast, Roy M. : Film Music. A Neglectetd Art. A Critical Study of Music in Films, New York/ London 1977.

Vogler, Christopher: Die Odyssee des Drehbuchschreibers. Über die mythologischen Grundmuster des amerikanischen Erfolgskinos, Frankfurt a.M. 2004 / 1993.

Internet

www.spio.de

BEI GRIN MACHT SICH IHR WISSEN BEZAHLT

- Wir veröffentlichen Ihre Hausarbeit,
  Bachelor- und Masterarbeit

- Ihr eigenes eBook und Buch -
  weltweit in allen wichtigen Shops

- Verdienen Sie an jedem Verkauf

Jetzt bei www.GRIN.com hochladen und kostenlos publizieren